GENTE
COMÚN Y CORRIENTE
QUE CAMBIÓ
el
MUNDO

T0001146

Soy Harriet Tubman

BRAD MELTZER

ilustraciones de Christopher Eliopoulos

traducción de Isabel C. Mendoza

VISTA

Soy **Harriet Tubman.**

¿Sabes qué es la Estrella del Norte?
Es una de las estrellas más brillantes del cielo.
A diferencia de otras estrellas, que parecen moverse,
la Estrella del Norte está siempre en el mismo lugar.
Cuando la ubicas, te puede indicar hacia dónde está
el norte.

HOY ME CONOCEN COMO **HARRIET TUBMAN**, PERO EL NOMBRE QUE ME DIERON AL NACER FUE **ARAMINTA** O **MINTY**.

FUI LA QUINTA DE NUEVE HIJOS, Y NACÍ EN MARYLAND ALREDEDOR DE 1822.

¿CUÁNDO ES TU CUMPLEAÑOS?

NO LO SÉ.

¿CÓMO ES POSIBLE QUE NO LO SEPAS?

NO LO SÉ PORQUE NACÍ EN LA ESCLAVITUD.

En la época en que nací, en ciertos lugares del país,
si eras negro, lo más probable es que fueras esclavo.

No teníamos alternativa.

Ser esclavo significaba que te obligaban a trabajar sin pago.

Nos trataban muy mal.

ME CORTÉ LA MANO.

NO ME IMPORTA. ¡SIGUE TRABAJANDO!

¿NOS PUEDE DAR AGUA?

¡NO! ¡SIGAN TRABAJANDO!

Vivíamos en pequeñas cabañas sin ventanas.

Dormíamos en el suelo, o en cajas llenas de paja.

Los niños vestíamos costales.

Y no se celebraban nuestros cumpleaños, por supuesto.

Ni se mantenía un registro de nuestros nacimientos.

Lo peor de ser esclavos es que éramos propiedad de alguien, como un caballo o un mueble.

Esto significa que todos los miembros de mi familia, incluidos mi papá y mi mamá, eran propiedad de alguien que nos podía vender a otra persona.

Y así lo hicieron.

¿A DÓNDE VAN MIS **HERMANAS**?

NUESTRO AMO LAS VENDIÓ.

AHORA TIENEN UN **NUEVO** AMO.

¡MAMÁ, POR FAVOR!

¡POR FAVOR, NO DEJES QUE NOS LLEVEN!

Se suponía que los esclavos teníamos que hacer lo que nuestros dueños, o amos, nos pidieran.

Pero cuando nuestros amos regresaron, mi madre estaba lista.

Alguien quería comprar a mi hermano menor.

Mi madre les había pedido a otros esclavos que ayudaran
a esconder a mi hermano en el bosque ¡durante casi un mes!

Pero, con el tiempo, lo encontraron.

Fue una situación muy intensa: mi madre se enfrentó a esos hombres.

¿Era peligroso? Por supuesto.

Pero era lo correcto.

Al final, no vendieron a mi hermano.

Desde que tengo memoria, me encantaba escuchar a mi madre contar historias.

Ella me enseñó algunas de las lecciones más importantes de la vida. Como éramos esclavos, era ilegal que supiéramos leer y escribir. Pero mi madre me contó historias de la Biblia, como la de...

MOISÉS.

ÉL ERA EL LÍDER DE LOS ISRAELITAS.

LOS CONDUJO FUERA DE LA ESCLAVITUD, HACIA LA **LIBERTAD**.

LIBERTAD DE LA ESCLAVITUD, ¿EH?

ESTA HISTORIA ME GUSTA.

Cuando estaba por cumplir los seis años, me llegó el turno de comenzar a trabajar.

Todavía vivía con mi familia, pero mis amos me mandaron a trabajar en otra granja.

¿Qué pasaba si no hacíamos lo que ellos decían?
Nuestros amos nos daban latigazos, o cosas peores.

Sé que todo eso suena aterrador.

Solo espero que, al escuchar mi historia, halles en ti la fuerza que no sabes que tienes.

Eso fue lo que sucedió cuando yo tenía unos siete años.

Estaba trabajando en la casa de mis amos y quise sacar un terrón de azúcar de un tazón.

NUNCA HABÍA PROBADO EL AZÚCAR.

SE VEÍA APETITOSA.

¡¿CÓMO TE ATREVES A TOCAR MI AZÚCAR?!

Mi ama buscó algo para golpearme.
Yo corrí lo más rápido que pude.

Llegué a otra granja y me escondí en el chiquero.

Así de asustada estaba.

Ahí me quedé cinco días, escondida en el lodo, peleando con los cerdos por cáscaras de papa y restos de comida.

Con el tiempo, el hambre me hizo regresar.

Entonces, me golpearon.

Pero se dieron cuenta de que no me daba miedo protegerme.

A los doce años, ya trabajaba todo el tiempo afuera, donde se hacían las labores más duras.

Yo trabajaba la tierra con el azadón, cosechaba y cargaba pesados barriles llenos de harina.

Me volví tan fuerte y partía tanta leña que ni siquiera los hombres me ganaban.

¿CUÁNTA LEÑA CORTÓ?

MEDIA CUERDA.

¡LAS NIÑAS NO PUEDEN CORTAR TANTO!

BUENO, DÍSELO A ELLA.

Con el trabajo del campo gané más que fuerza física.

Tuve la oportunidad de aprender de otros esclavos.

Y tiempo para pensar en ideas nuevas.

¿TE ENTERASTE?

TRES ESCLAVOS SE ESCAPARON DE LA PLANTACIÓN BRODESS.

¿SE ESCAPARON?

SE FUERON PARA EL NORTE, FUERA DE MARYLAND, DONDE LA ESCLAVITUD ES **ILEGAL**.

ALLÁ EN EL NORTE, TODO EL MUNDO ES **LIBRE**.

COMO DEBERÍAMOS SER **NOSOTROS**.

En aquel tiempo, pasé muchas noches observando el cielo.
Mi padre fue quien me enseñó acerca de la Estrella del Norte.

SIEMPRE APUNTA HACIA EL NORTE.

ES ALLÍ DONDE LA GENTE NEGRA ES LIBRE, ¿VERDAD? ¿EN EL **NORTE**?

EXACTO.

SI SIGUES LA ESTRELLA DEL NORTE, SIEMPRE ESTARÁS SEGURA DE QUE VAS EN LA DIRECCIÓN CORRECTA.

Te estarás preguntando por qué, si la esclavitud era tan horrible, no huíamos todos. Huir era prácticamente imposible.

Una noche, fui a hacer unas diligencias a una tienda cercana, y vi a un esclavo que había abandonado su granja sin permiso.

¡ATRÁPALO!

¡ME PERTENECE!

Yo podía haber evitado que escapara. Pero me negué a hacerlo.

Enfurecido, un capataz de la granja agarró una pesa para arrojársela al esclavo.

Pero me golpeó a mí.
Muy duro.

Perdí el sentido.

Aquella lesión me cambió la vida para siempre.
Como no morí, decidí que Dios tenía un plan para mí y que me estaba guiando y protegiendo.

Después de sufrir aquella lesión, comencé a tener sueños vívidos. Soñaba que volaba como un pájaro sobre campos y pueblos, ríos y montañas. Desde las alturas, veía una enorme cerca y, al otro lado, un campo grande y hermoso.

Pero, aunque me esforzara mucho, nunca lograba pasar al otro lado.

Antes de cumplir los veintidós años,
me casé y me cambié el nombre. Ahora era
Harriet Tubman.

Al poco tiempo, me enteré de que me
iban a vender.

¿QUÉ HACEMOS, HARRIET?

NUESTRO NUEVO DUEÑO PODRÍA SER MÁS **MALVADO** QUE ESTE.

¿Otra persona que podría alejarme
de mi familia? ¿Y hacerme daño?

Yo sabía que solo había una solución.

TENGO QUE **ESCAPAR.**

Mis hermanos y yo plan_amos escapar, pero e_os se asustaron
y regresaron. Así que me fui sola. Viajé de noche, siguiendo
la Estrella del Norte, como mi padre me había enseñado.

ES POR
AQUÍ.

LA
ESTRELLA
SIEMPRE ME
GUIARÁ.

Me quedé en casas de
personas que querían
ayudarnos a alcanzar
la libertad.

HAY **CAZADORES
DE ESCLAVOS** POR
TODAS PARTES.

PONTE ESTA ROPA
DE HOMBRE PARA
QUE NADIE TE
RECONOZCA.

ME ESTÁS
SALVANDO
LA VIDA.

Estaba viajando por lo que se conocía como el Ferrocarril Clandestino.

No era un ferrocarril de verdad; no tenía rieles ni vagones. Era una ruta por donde unas personas que no estaban de acuerdo con la esclavitud ayudaban en secreto a otras a escapar hacia la libertad.

Lo que sí tenía este ferrocarril era unas estaciones especiales: lugares seguros para esconderse, administrados por personas blancas y negras llamadas "conductores".

Hasta tenía sus propias señales.

LA CONTRASEÑA PARA ENTRAR A LA PRÓXIMA ESTACIÓN ES UN CHILLIDO, COMO EL CANTO DE UN BÚHO.

ÚSALO Y TE DARÁN UN LUGAR PARA DORMIR.

GRACIAS POR PROTEGERME.

En el Ferrocarril Clandestino estábamos seguros.

Y eso fue exactamente lo que hice.

Al año de haber escapado, regresé a escondidas a Maryland.

Gracias a mi viaje en el Ferrocarril Clandestino, conocía gente que nos ayudaría.

No era seguro, sin duda.
Pero era lo correcto.

En una escapada temeraria, llevamos a mi sobrina y su familia a la ciudad más cercana, Baltimore, en Maryland.

¡SÍGANME!

Y de ahí, a Filadelfia, fuera del estado.

ENTONCES, ¿YA SOMOS LIBRES?

¿YA NO SOMOS ESCLAVOS?

¡ERES LIBRE!

Esas fueron las primeras personas que rescaté. Pero no fueron las últimas.

En mi siguiente viaje a Maryland, ayude a liberar a mi hermano menor, que se llamaba Moisés, y a otros dos hombres.

En el Ferrocarril Clandestino, usábamos de escondites lugares como áticos, despensas y establos. Algunas personas hasta construyeron túneles secretos y cuartos ocultos, como este clóset falso.

Yo seguí usando disfraces.

Para mantenernos ocultos, viajábamos de noche, tomando rutas alternas.

También hice algunos de mis viajes en el invierno, cuando la gente salía poco de sus casas.

A veces, el paso por las montañas era tan duro, que hasta los hombres más grandes y supuestamente más fuertes querían rendirse.

Siempre logré que continuaran, abriendo el camino.

Una noche, nos quedamos sin dinero.

Pero mi compromiso por mantener a todos seguros era tan firme, que me desprendí de algunas de mis prendas de vestir, incluyendo mi ropa interior, para pagar por un lugar donde pasar la noche.

En otro viaje para comprar unas gallinas, vi a uno de mis antiguos amos, ¡alguien para quien trabajé cuando era esclava!

Cuando se acercó, jalé una cuerda que estaba atada a las patas de las gallinas para hacerlas aletear y chillar.

¡BUAAK!

¡BUAAAK!

ÉL SE DISTRAJO TANTO CON EL RUIDO, QUE NO SE DIO CUENTA DE QUE ESTUVO A **PUNTO** DE PILLARME.

Durante once años, regresé a Maryland trece veces, liberando personalmente a unas setenta personas.

Para mantenerlas seguras, llevé a muchas a Canadá, incluyendo a cinco de mis hermanos, mi sobrina y hasta mis padres.

MI FAMILIA HABÍA ESTADO SEPARADA POR CASI SIETE AÑOS.

Mientras más luchaba contra la esclavitud, más me daba cuenta de que la única manera de ganar...

...era acabando con la esclavitud misma.

Esa oportunidad llegó cuando comenzó la Guerra Civil.

EL **NORTE** DEL PAÍS QUIERE **ACABAR** CON LA ESCLAVITUD.

EL **SUR** QUIERE **MANTENERLA**.

AL COMIENZO, CUIDABA A LOS SOLDADOS HERIDOS. PERO MUY PRONTO, COMENCÉ A USAR MIS MAYORES TALENTOS.

Este es el secretario de Guerra, Edwin Stanton.

MIREN LA INFORMACIÓN QUE HA OBTENIDO HARRIET TUBMAN. ELLA Y SU CÍRCULO DE ESPÍAS SON EXTRAORDINARIOS.

Al poco tiempo, me convertí en la primera mujer estadounidense en dirigir un ataque militar en territorio enemigo. Con la información que encontramos, pudimos vencer a los soldados del Sur.

Lo más importante es que demostramos que la gente negra podía servir en el ejército igual que lo hacían las personas blancas.

Como líder de los espías del Norte, conduje a grupos de exploradores por Carolina del Sur para averiguar lo que estaba haciendo el otro bando.

Al final, el Norte ganó la Guerra Civil, y se acabó con la esclavitud.
Pero eso no significaba que mis luchas hubiesen terminado.
Me convertí en activista comunitaria, así que viajé por todo el país para hablar sobre la injusticia.

Después de la guerra, quedé tan pobre que tuve que usar trozos de la cerca de mi casa como leña para cocinar.
Pero seguí luchando como siempre, ayudando a quienes lo necesitaran.

Casi a punto de cumplir los noventa años, mi sueño de ayudar
a otros se hizo más grande, y abrí una casa en Auburn, Nueva York,
para hospedar a afroamericanos pobres, viejos y enfermos.

AQUÍ LOS CUIDAREMOS.

En un momento de mi vida, me dijeron que no
podía tomar mis propias decisiones.

Que nunca podría escapar.

Pero lo hice.

Luché por mi independencia.

Y, cuando por fin respiré el aire de la libertad, supe que
tenía que ayudar a otros a hacerlo también.

Tu éxito no se mide por lo que logras para ti mismo, sino por lo que logras para otros.

Piensa que eres como un pájaro.

Hay días en que llegas alto. Otros días, te caes.

Pero, cuando sobrepasas las nubes y alcanzas la mayor altura, puedes tomar una decisión: quedarte allá arriba y disfrutar la vista, o bajar...

Cada uno enfrenta decisiones difíciles en la vida.

Todas las veces, podemos optar por hacer lo que es seguro...
o lo que es correcto.

¿Te arriesgarías para ayudar a otra persona?

¿Te enfrentarías a alguien poderoso para ayudar
a alguien que es débil?

Para responderte esas preguntas, escucha tu
corazón, tu propia Estrella del Norte.
Siempre te guiará en la dirección correcta.

Soy Harriet Tubman.

Sígueme.

Te conduciré hacia la libertad.

"Fui conductora del Ferrocarril Clandestino durante ocho años, y puedo asegurarles lo que no muchos conductores pueden decir: nunca dejé que mi tren se descarrilara y nunca perdí un solo pasajero". **—Harriet Tubman**

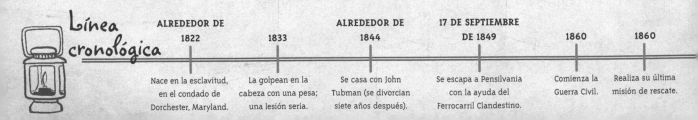

Línea cronológica

ALREDEDOR DE 1822	1833	ALREDEDOR DE 1844	17 DE SEPTIEMBRE DE 1849	1860	1860
Nace en la esclavitud, en el condado de Dorchester, Maryland.	La golpean en la cabeza con una pesa; una lesión seria.	Se casa con John Tubman (se divorcian siete años después).	Se escapa a Pensilvania con la ayuda del Ferrocarril Clandestino.	Comienza la Guerra Civil.	Realiza su última misión de rescate.

Harriet (primera, a la izquierda), junto a su hija adoptiva, Gertie, y su esposo, Nelson, entre otras personas, en 1887

Placa en la casa donde nació Harriet, en Maryland

HARRIET TUBMAN
1820-1913
THE "MOSES OF HER PEOPLE," HARRIET TUBMAN OF THE BUCKTOWN DISTRICT FOUND FREEDOM FOR HERSELF AND SOME THREE HUNDRED OTHER SLAVES WHOM SHE LED NORTH. IN THE CIVIL WAR SHE SERVED THE UNION ARMY AS A NURSE, SCOUT AND SPY.
MARYLAND CIVIL WAR CENTENNIAL COMMISSION

Estatua conmemorativa en Harlem, Ciudad de Nueva York

1 DE ENERO DE 1863	1863	1865	1869	23 DE JUNIO DE 1908	10 DE MARZO DE 1913	20 DE ABRIL DE 2016
La Proclama de Emancipación del presidente Lincoln libera a todos los esclavos de EE.UU.	Se convierte en la primera mujer en dirigir un ataque militar.	Termina la Guerra Civil.	Se casa con Nelson Davis.	Se abre oficialmente el Hogar Harriet Tubman para los Ancianos.	Muere en Auburn, Nueva York.	El Tesoro de EE. UU. anuncia que los billetes de veinte dólares llevarán el rostro de Harriet.

Para Bari,
mi hermana,
una de las personas más fuertes que conozco,
y quien me recuerda el poder de la familia.
—B. M.

Para Mike Jung, quien me ayudó a salir
adelante en la secundaria y en la vida
mostrándome el mundo
de las caricaturas y las historietas.
—C. E.

En aras de la precisión histórica, usamos los diálogos reales de Harriet Tubman siempre que fue posible. Para más citas textuales de Harriet, recomendamos y reconocemos el libro de Jean M. Humez titulado *Harriet Tubman: The Life and the Life Stories*, y el de Kate Clifford Larson, *Bound for the Promised Land: Harriet Tubman, Portrait of an American Hero*. Un agradecimiento especial para Jean M. Humez y Bacardi Jackson por sus comentarios a los primeros borradores.

....

FUENTES
Harriet Tubman: The Life and the Life Stories, Jean M. Humez (University of Wisconsin Press, 2004)
Bound for the Promised Land: Harriet Tubman, Portrait of an American Hero, Kate Clifford Larson (Ballantine Books, 2003)
Harriet Tubman: The Road to Freedom, Catherine Clinton (Little, Brown, 2004)
Harriet Tubman: The Moses of Her People, Sarah Bradford (Dover Publications, 2004)
"Harriet: The Modern Moses of Heroism and Visions", Emma P. Telford (Cayuga County Museum, 1905)
Heroine in Ebony, Robert W. Taylor (George H. Ellis, 1901)

MÁS LECTURAS PARA NIÑOS
¿Quién fue Harriet Tubman?, Yona Zeldis McDonough (VHL, 2009)
¿Qué fue el Tren Clandestino?, Yona Zeldis McDonough (VHL, 2015)
El viaje de Frederick: la vida de Frederick Douglass, Doreen Rappaport y London Ladd (VHL, 2021)
¿Qué fue la batalla de Gettysburg?, Jim O'Connor (VHL, 2015)
Soy Abraham Lincoln, Brad Meltzer y Christopher Eliopoulos (VHL, 2023)
Las honestas palabras de Abraham: la vida de Abraham Lincoln, Doreen Rappaport y Kadir Nelson (VHL, 2021)

....

© 2024, Vista Higher Learning, Inc.
500 Boylston Street, Suite 620
Boston, MA 02116-3736
www.vistahigherlearning.com
www.loqueleo.com/us

Publicado originalmente en Estados Unidos bajo el título *I Am Harriet Tubman* por Dial Books for Young Readers, un sello de Penguin Random House LLC, Nueva York. Esta traducción ha sido publicada bajo acuerdo con Forty-four Steps, Inc. y Christopher Eliopoulos c/o Writers House LLC.

Dirección Creativa: José A. Blanco
Vicedirector Ejecutivo y Gerente General, K–12: Vincent Grosso
Desarrollo Editorial: Salwa Lacayo, Lisset López, Isabel C. Mendoza
Diseño: Radoslav Mateev, Gabriel Noreña, Andrés Vanegas, Manuela Zapata
Coordinación del proyecto: Karys Acosta, Tiffany Kayes
Derechos: Jorgensen Fernandez, Annie Pickert Fuller, Kristine Janssens
Producción: Thomas Casallas, Oscar Díez, Sebastián Díez, Andrés Escobar, Adriana Jaramillo, Daniel Lopera, Daniela Peláez
Traducción: Isabel C. Mendoza

Soy Harriet Tubman ISBN: 978-1-66991-521-8

Foto de Harriet Tubman, página 38: cortesía de Swann Auction Galleries.
Página 39: foto de la placa histórica, de *The Washington Post*, cortesía de Getty Images; foto de la estatua, de Jim Henderson, Wikimedia Commons.

Printed in the United States of America
1 2 3 4 5 6 7 8 9 GP 29 28 27 26 25 24